AF319383

NOTRE-DAME DE LONLAY

(ORNE)

SON ABBAYE DE L'ORDRE DE SAINT-BENOIT

SES MONUMENTS, SON HISTOIRE

PAR

M. Hippolyte SAUVAGE,

Juge de paix du canton de Couptrain (Mayenne), associé correspondant
de plusieurs Académies.

———

DOMFRONT

F. LIARD, IMPRIMEUR-LIBRAIRE,

À LA BIBLE-D'OR.

—

1865

(2)

NOTRE-DAME DE LONLAY

(ORNE)

SON ABBAYE DE L'ORDRE DE SAINT-BENOIT

SES MONUMENTS, SON HISTOIRE

PAR

M. Hippolyte SAUVAGE,

Juge de paix du canton de Couptrain (Mayenne), associé correspondant
de plusieurs Académies.

DOMFRONT

F. LIARD, IMPRIMEUR-LIBRAIRE,

A LA BIBLE-D'OR.

—

1865

NOTRE-DAME DE LONLAY

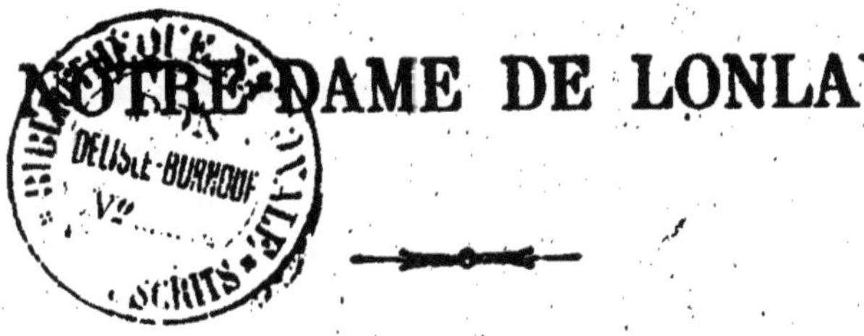

C'est une bonne fortune pour un archéologue de rencontrer
le plan d'une antique abbaye du xi° siècle, et c'est une chose
plus précieuse et plus rare encore pour lui, lorsqu'avec ce plan
à la main, il peut de suite reconnaître que les lieux sont de-
meurés les mêmes, à la destination près, qu'à l'époque où les
couvents furent abandonnés à la fin du dernier siècle.

Dans une récente visite que je fis à Lonlay-l'Abbaye, que je
voyais pour la première fois, j'éprouvai cette vive satisfaction,
et je veux en reporter ici toute ma gratitude à M. le curé de
Lonlay, qui, avec une bienveillance extrême, eut la bonté de
me communiquer une copie d'un plan dont l'original est à la
Bibliothèque Impériale. C'en était assez pour exciter ma cu-
riosité et m'inviter à l'étude d'un monastère, pour l'histoire
duquel il n'existe plus aucune archive, aucun écrit dans la
localité. Je me trompe cependant, car la mairie possède un décret de Napoléon I°', daté de son quartier impérial de Berlin,
le 30 novembre 1806, en exécution duquel l'église abbatiale
est devenue celle de la paroisse. C'est à cet acte, sans nul doute,
que l'on doit la conservation de ce bel édifice, classé aujour-
d'hui comme l'un des monuments historiques du département
de l'Orne.

Le plan me fut confié; je pris note du décret impérial, et
ces deux documents sont devenus pour moi l'expression histo-

rique de l'ancien monastère, en le rappelant à mes yeux à sa vie première et en m'indiquant sa dernière fin.

Mais, tout d'abord, faisons l'inventaire des lieux, puis nous reconnaîtrons ensuite leur destination d'autrefois :

Un petit porche, qui paraît du xvi° siècle, donne accès dans l'église ; l'on se trouve immédiatement sous la tour. Quatre forts groupes de maçonnerie la supportent et les arcades qu'ils ont formées laissent passage, celle du centre au chœur, tandis que celles du nord et du midi desservent les transepts ou bras de la croix. L'entrée du chœur est étroite, comprimée qu'elle est entre ces masses énormes.

Placé sous cette tour, pour peu qu'on ait la moindre expérience des règles de l'architecture monastique et des rigueurs claustrales, on acquiert de suite la certitude que l'église de Lonlay est incomplète, qu'il lui manque une nef, et que le chœur devait être réservé exclusivement au service des religieux, le public n'étant admis que dans la partie située sous la tour et dans les transepts. Du reste, dès le premier examen, il est facile de voir que l'on a devant soi deux destinations bien différentes, comme deux parties architecturales bien distinctes, l'une du xi° siècle, l'autre du xvi° siècle.

Au-dessus du petit porche d'entrée, on remarque, en effet extérieurement, plusieurs petites fenêtres romanes et divers rangs de maçonnerie en feuilles de fougères, appareil que l'on désigne ordinairement sous le titre d'*opus spicatum*; il se retrouve dans toutes les constructions des comtes de Bellême. Intérieurement une galerie romane accolée contre la muraille semble avoir dû circuler tout autour des transepts pour leur servir d'ornement et former le triforium. A gauche, il reste quatre arcades seulement de cette galerie, du côté du chœur, tandis qu'au couchant elle est complète. A droite, on remarque une vingtaine d'autres arcades.

Les piliers qui soutiennent la tour carrée, reposent sur des bases également carrées, sans ornements. Ils sont flanqués sur chacune de leurs faces de deux colonnettes engagées, qui sont surmontées de trois arcades ogivales donnant ouverture sur l'entrée du chœur et sur ses collatéraux. Ces colonnettes ont des chapiteaux historiés de figures grimaçantes, de têtes de monstres, d'animaux et d'ornements singuliers et bizarres. L'un d'eux, à gauche, représente le philosophe Aristote marchant à quatre pattes et portant sur son dos, vers le palais d'Alexandre-le-Grand, sa jolie maîtresse qui donne la main à un troisième personnage (1). Ce sujet, dont nous parlions dans une publication toute récente (2), se retrouve à Caen, dans l'église Saint-Pierre, à Lausanne, à Lyon, comme à Rouen, comme à Paris et dans maints endroits divers. Après avoir été chanté par d'Andely, trouvère normand du xii° siècle (3), il a été reproduit fréquemment par les *imagiers sur pierres*. Souvent ils ont représenté même Aristote, le vieux fou, ayant un mors passé dans la bouche, et dirigé par cette femme qui est assise sur lui. A Lonlay, elle est debout.

Ouvrons la grille et entrons dans le chœur. Il compose presqu'à lui seul l'église de Lonlay tout entière. Des bancs y sont installés partout : seulement on y a ménagé une longue allée qui conduit depuis les stalles placées à l'entrée du chœur, jusqu'à l'autel. Le clergé occupe ces stalles, de sorte que toute la foule des fidèles est devant lui, ce qui est le contraire à peu près partout ailleurs.

D'élégantes colonnes entourent ce chœur. Elles sont cylindriques, d'une grande simplicité et parfaitement uniformes. Quelques-unes ont des chapiteaux qui paraissent romans ; ils

(1) Voir l'Atlas de la Société des Antiquaires de Normandie, années 1829 et 1830, qui a reproduit cette figure et quelques détails de l'église de Lonlay. — Abbé de La Rue, *Essais sur Caen*, t. II, p. 97.

(2) *Mortpinais historique et monumental*, n° 14, août 1864.

(3) *Le Lai d'Aristote*, v. 435 et suiv. (Barbazan, t. I.)

peuvent provenir d'une plus ancienne construction ou avoir été copiés. Plusieurs se composent de feuillages roulés en volutes. Elles sont reliées les unes aux autres par des arcades ogivales. Une mince colonnette partant du sommet de chacun des chapiteaux va chercher, à une assez grande hauteur, la voûte qui n'a jamais existé qu'en bois.

Ces colonnes se répètent sur une seconde ligne qui forme de doubles bas-côtés, tout autour du chœur. Enfin, dans les secondes travées, sont ménagées neuf chapelles séparées les unes des autres par des murs pleins, ce qui nuit singulièrement à l'harmonie de l'édifice. Seulement, comme quelques-unes des colonnes principales ont fléchi, il serait peut-être bien imprudent de modifier cet état de choses. Trois de ces chapelles ont été décorées depuis peu de verrières peintes d'un assez bon effet. Quant aux autres fenêtres, elles sont larges, bien ouvertes, à meneaux flamboyants, mais elles n'ont que des débris insignifiants de vitraux échappés à la Révolution.

Au maître-autel est un fort beau tabernacle sculpté, et orné de cariatides, d'anges en prières et de petites fenêtres ogivales à meneaux dorés. Un large socle renferme les vases sacrés. Au-dessus est une double galerie, et enfin la croix surmonte le tout. Traité avec délicatesse et goût, c'est un objet curieux du commencement du dernier siècle.

Mais en fait de sculptures, ce qu'il faut surtout admirer à Lonlay, ce sont les stalles (1) de l'entrée du chœur, avec leur dais magistral, soutenu par de gracieuses colonnettes corinthiennes. D'un fini remarquable, ces boiseries de l'époque de la renaissance et contemporaines de François Ier ou de son fils Henri II, sont charmantes dans leurs détails. Elles ont un double rang de miséricordes, dont quelques-unes ne sont pas

(1) M. de Caumont, *Abécédaire d'Archéologie*, p. 405. Il en a donné une fort jolie esquisse.

dénuées d'intérêt. Celle qui sert de siége au curé, a pour support une tête à deux oreilles d'âne entre lesquelles est une énorme touffée de cheveux crépus. Une deuxième offre un cygne; une autre, trois cygnes nageant sur les ondes; une quatrième, une tête surmontée d'un bonnet pointu avec trois houppes. La plupart sont des têtes d'anges bouffis, des personnages grotesques ou des animaux.

Faisons observer que sous la tour, à droite, est un large escalier monumental, qui permettait aux religieux de communiquer de leurs cloîtres dans l'intérieur de l'église.

Appuyés sur l'histoire de cette abbaye, nous verrons bientôt que le chœur ne peut être que de la seconde moitié du XVIᵉ siècle. Il n'a pu être élevé qu'après 1575, époque à laquelle un troisième et dernier incendie détruisit Lonlay. A son aspect, on est saisi d'un certain sentiment qui dit qu'il a été bâti dans des temps de malheurs et l'on s'étonne de voir dans l'édifice un contraste si frappant du roman et de l'ogive de la renaissance. Seulement à la réflexion, l'on est amené à cette conclusion que la tour et ses soubassements accusent les proportions de l'église primitive, et que si les moines ont bâti un chœur au XVIᵉ siècle, sur une aussi vaste échelle, c'est qu'ils se proposaient de faire disparaître plus tard le transept et de compléter leur église par une nef bien proportionnée et en rapport avec le chœur. La commande introduite dans ce monastère, en l'appauvrissant notablement, ne permit sans doute pas la réalisation de ce projet.

Quoi qu'il en soit, dans son ensemble, malgré ses irrégularités, c'est un beau monument et l'un des plus remarquables du département, peut-être même le plus curieux de l'arrondissement de Domfront.

Les bâtiments de l'abbaye de Lonlay, conservés presque dans leur intégralité, ont été en partie appropriés pour le presbytère, et le reste pour des habitations particulières. Il n'y a même que la maison abbatiale (S) qui soit entièrement disparue.

Elle était complétement isolée et au nord, de l'autre côté de la rivière d'Egrenne, au milieu d'une vaste prairie convertie en jardin. On y accédait, au surplus, comme à l'abbaye, par un portail donnant sur le bourg de Lonlay (R) et appelé la porte de la ville (*urbis porta*). Suivant les usages constants des maisons religieuses, elle devait être décorée des armoiries du monastère, qui étaient : *de sable à un loup d'argent* (1).

De ce même portail, placé en face de la tour de l'église, on devait comprendre de suite l'économie entière de l'abbaye.

L'église (A) en formait pour ainsi dire l'axe, et le visiteur avait à sa gauche les dépendances privées de l'abbé, et à sa droite, d'abord les bâtiments des étrangers et ensuite ceux des religieux.

De la porte d'entrée, on pénétrait directement dans une longue cour, qui desservait immédiatement la partie de l'église abandonnée au public.

Puis, si l'on demandait asile pour une nuit, voire même pour quelques jours, l'on trouvait bon coucher et bon gîte au monastère, dans les appartements (F) accédés par une autre porte et nommée la grande porte. Ils étaient situés dans une grande cour intérieure, circonscrite au couchant par des écuries (H), par le moulin (I), et au midi par un cours d'eau (Z) détourné de la rivière et faisant mouvoir ce même moulin.

Les fenêtres des logements des étrangers (*hospitium cellæ*) avaient leurs vues directes sur cette première cour et sur les cloîtres (D).

Quant à ces derniers, ils étaient rangés autour d'une seconde cour rectangulaire entourée de promenades et de préaux.

(1) D'Hozier, *Armorial général*. — Canel, *Arm. de Normandie*. — Cauvin, *Stat. de la Sarthe*, p. 55. — M. de La Sicotière, *Orne arch. et monumental*.—D. Piolin, *Hist. de l'Eglise du Mans*, t. III, p. 94, nota 2.

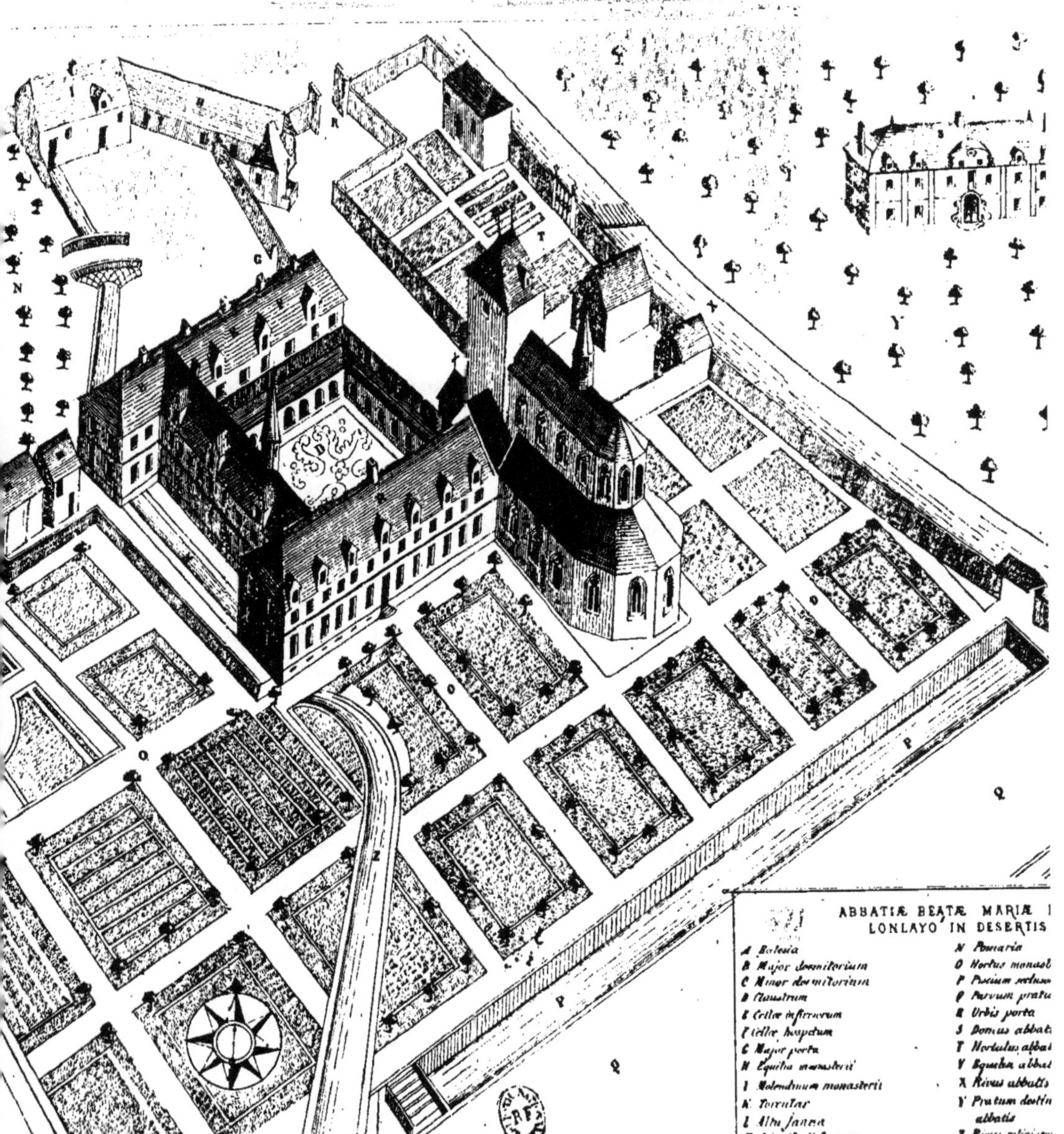

ABBATIÆ BEATÆ MARIÆ [
LONLAYO IN DESERTIS

A Ecclesia
B Major dormitorium
C Minor dormitorium
D Claustrum
E Cellæ infirmorum
F Cellæ hospitum
G Major porta
H Equilia monasterii
I Molendinum monasterii
K Torcular
L Alta janua
M Lignile & furnus

N Pomaria
O Hortus monast
P Piscium reclus
Q Parvum pratu
R Urbis porta
S Domus abbati
T Hortulus abbat
V Equitia abbat
X Rivus abbatis
Y Pratum destin
    abbatis
Z Rivus religios

C'était à ces cloîtres qu'aboutissaient tous les accessoires de la maison monacale.

Au rez-de-chaussée, du côté du midi, sous le petit dortoir, était le vaste réfectoire avec sa clochette renfermée dans un clocher pointu et ses colonnettes de beau granit, encore intactes. Il sert actuellement de cave. A la suite, les cuisines, et tout ce qui comportait le service de détail. Le parloir devait être au nord, près de l'entrée de l'église.

Les deux logements où étaient le grand et le petit dortoir (B et C), formaient l'enceinte du cloître au levant et au midi. Ceux du premier sont le presbytère actuel.

L'infirmerie donnait sur les jardins. Enfin, les bâtiments consacrés à l'exploitation rurale de l'abbaye, le pressoir (K), le bûcher, le four (M), le plant à pommiers (N), etc., etc., étaient à l'écart, au couchant.

Au S. et à l'E., le monastère avait de vastes et très-beaux jardins, défendus d'un côté par un vivier (P), et de l'autre par des murs élevés.

La rivière établissait une séparation parfaite entre les religieux et l'abbé.

En un mot, avec le plan à la main, actuellement encore, on reconnaît toutes ces destinations, et l'on retrouve tous ces bâtiments, à la réserve toutefois de la maison de l'abbé qui n'a pas laissé de traces. Les cloîtres ont bien été démolis aussi, mais la cour est toujours là, et le moutier de Lonlay tout entier est parfaitement reconnaissable.

L'époque de la construction de ce monastère n'est pas bien certaine. Dom Mabillon, le P. du Moustier, Maurey-d'Orville, Caillebotte la reportent à l'année 1026 ; l'*Art de vérifier les Dates* et Lepaige, à l'an 1025 ; Cauvin, Fret et la plupart des autres historiens à l'an 1020. Cette divergence tient à ce que l'acte de sa fondation ne porte pas de date ; elle est sans grande conséquence.

L'honneur en revient tout entier à Guillaume Talvas, comte de Bellême et seigneur de Domfront.

Après s'être couvert de toutes sortes de crimes, comme il le confesse lui-même (1), il voulut les racheter par des aumônes et il fit plusieurs fondations pieuses. L'église de Notre-Dame-sur-l'Eau, près Domfront, et l'abbaye de Lonlay, furent les plus célèbres.

Le lieu choisi par lui était on ne peut plus favorable, Située sur la lisière de la forêt d'Andaine, au fond d'une belle vallée en forme d'entonnoir, au milieu de gras pâturages et de verdoyantes prairies que fertilisait un rapide cours d'eau, l'Egrenne, sous l'aspect d'une riche nature, loin du bruit du monde et cependant à peu de distance de sa ville affectionnée, Domfront, c'était le plus délicieux endroit que l'on pût trouver pour un monastère. Il portait le nom de Lonlay. Le moyen-âge en a fait *Lonleium, Longilesium, Longiletum, Longum ledum, Longolatum, Longatus, Lonleia, Lonlaium,* et plus tard ce même nom a été francisé en *Lonlé, Lonlay* et aujourd'hui *Lonlay-l'Abbaye* (2).

Pénétré du repentir sincère de ses fautes, Guillaume-Talvas appela donc auprès de lui les religieux de Fleury, qui appartenaient à la congrégation de Saint-Benoit, et il leur confia le soin de son œuvre. En même temps, il leur remit un acte solennel, par lequel, du consentement de sa femme et de ses trois fils Foulques, Warin et Guillaume, il déclarait vouloir fonder une abbaye, sous l'invocation de la très-sainte Vierge, afin que les religieux qui viendraient l'habiter, pussent nuit et jour prier et fléchir la miséricorde divine pour lui et ses ancêtres.

Dans ce même acte, il dispose de nombreux bénéfices, des

(1) *Immani vitiorum mole pressus... Neustria pia,* p. 434.
(2) Orthographes adoptées sur de nombreux actes.

dîmes, des droits et d'autres revenus distraits de ses domaines, dont il voulait doter la maison naissante. Le noble comte ne pouvait faire un plus louable usage de ses richesses temporelles, qui, suivant son expression, étaient abondantes (1). L'énumération en est longue, mais elle intéresse l'histoire du pays et nous entrerons dans quelques détails, à cause de cela.

Il abandonnait à ses moines : la dîme des revenus du château et du bailliage de Domfront ; la dîme des forêts d'Andaine et de Passais, avec les droits d'herbage, de panage, de vente de bois mort ou vif, à la réserve du droit de chasse ; enfin, la dîme des récoltes qui seraient faites sur les terres défrichées dans ces forêts, à l'exception de celles que les ermites auraient préparées de leurs propres mains. Les moulins construits et à édifier à Domfront furent compris dans la même donation, ainsi que les églises de la même ville, celle de la Haute-Chapelle, celle de Saint-Martin-de-Condé-sur-Noireau, celle de Saint-Pierre-du-Regard, avec leurs dépendances, et encore les bourgs de Beauménil et d'Echaffley, dans l'Alençonnais.

Les solitaires obtinrent aussi le privilége de ne plaider qu'à la Cour de Sainte-Marie de Lonlay. Ils furent dispensés du soin de fournir des témoins dans les affaires qu'ils auraient contre le comte ou ses serviteurs ; et, si le droit de chasse leur fut interdit, ils furent, en revanche, autorisés par lui à pêcher dans l'Egrenne et dans la Varenne pendant trois jours et quatre nuits, aux trois grandes solennités de Noël, de l'Assomption et de la Pentecôte.

Cette charte a été publiée plusieurs fois. Elle se trouve dans le *Neustria pia* (2) ; dans Bry de la Clergerie (3), et dans le

____

(1) *Quanto divitiarum copiis affluens. Neustria pia*, p. 124.

(2) *Neustria pia, loco citato.*

(3) *Histoire du Perche*, p. 43.

Monasticon Anglicanum (1). Enfin, M. de la Sicotière (2) en a donné une copie beaucoup plus complète. — Suivant l'usage, elle se terminait par les anathèmes les plus violents contre ceux qui essaieraient de porter atteinte à leur contenu. Les témoins qui l'ont signée sont : Avesgaud, évêque du Mans, et frère du fondateur; Sigefroy, évêque de Séez ; le chevalier Achard Le Riche, de Domfront; Hervé du Grès; Foulques de Hauterive; enfin, Foulques, Marin et Guillaume, ses fils. Dans la suite, Guillaume, duc de Normandie, et Mathilde, sa femme, la ratifièrent par leurs signatures (3).

Elle fut validée, plus tard, par une nouvelle charte de Henri II, roi d'Angleterre et duc de Normandie. Elle est datée de Tinchebray et doit être des dernières années de ce prince, qui mourut en 1190. Les témoins qui l'ont souscrite, sont : Guillaume du Hommet, connétable de Normandie ; Guillaume, fils de Radulphe, sénéchal de Normandie; Guillaume de Sa-

---

(1) *Monasticon Anglicanum*, t. II, p. 98.

(2) *Le département de l'Orne historique et monumental*, in-f°, p. 44 à 58.

(3) Le P. Du Moustier, *Neustria pia*, p. 423 et seq — D. Mabillon, *Annales O. S. B.*, lib. LIV, num. 91. — D. Bouquet, t. X, p. 191, — Le Corvaisier, *Hist. des évéques du Mans*, p. 336. — D. Bondonnet, *Les Évéques du Mans*, p. 407. — Bry de La Clergerie, *Hist. du Perche*, p. 42 et suiv. — Odolant-Desnos, *Mém. hist. sur Alençon*, t. I, p. 36 et suiv. — D. Colomb, p. 120. — M. de La Sicotière, *Mém. sur l'abb. de Lonlay*, dans les *Mém. des Antiquaires de Normandie*, t. XII, p. 270 et suiv., et dans *L'Orne arch. et mon.*, loco citato. — Renault, *Notice sur Lonlay-l'Abbaye*, dans le *Bulletin monumental*, t. VII, p. 163, et brochure à part. — Fret, *Chron. percheronnes*, t. I, p. 318. — Cauvin, *Géogr. ancienne du Maine*, p. 193. — Le Paige, *Dict. hist. du Maine*, v° Lonlay. — Thébault de Champsaale, *Mém. hist. sur Domfront*, dans les *Nouvelles recherches sur la France*, t. I, p. 289. — Caillebotte, *Hist. de Domfront*, 4° dd., p. 64. — F. Liard, *Hist. de Domfront*, p. 83. — Dom Piolin, *Hist. de l'Église du Mans*, t. III, p. 91 et suiv.

liars; Radulphe de Maison; Néel de Mortagne (1), et Remy
du Tailleur.

Elle confirmait toutes ses possessions à l'Abbaye et notamment le lieu de Lonlay, l'église de Saint-Sauveur, élevée dans
cette paroisse, leurs dîmes, revenus, moulins, leurs droits de
vinages et les corvées des habitants. Suivait une longue liste
de tout ce qu'elle possédait alors, et dans laquelle nous remarquons les églises et les droits de patronages ou de natures
diverses sur les églises de la Haute-Chapelle, de Saint-Bomer,
de Juvigny, de Geneslay, du Pas, de Soucé, de Vaucé, de
Saint-Mars-sur-Colmont, de Fougerolles, de Chevaigné (2),
de Cigné, de Cherencey-le-Roussel, de Saint-Martin-de-Condé,
de Saint-Pierre-du-Regard, de Cerisy, de Sainte-Marie-des-
Moutiers et d'Alençon (3).

Par divers mandements, sans dates, le monarque avait, à
plusieurs reprises, ordonné à ses officiers de respecter et de
faire sanctionner les droits et les privilèges de l'abbaye de
Lonlay. L'un d'eux, donné à la Motte de Ger (4), accordait
l'exemption de tous les droits et coutumes dans toute l'étendue de ses domaines de France et d'Angleterre, et dans tous
ses ports maritimes, pour tous les objets destinés à la nourriture et à la vêture des moines (5).

Un autre enfin, délivré par Richard-Cœur-de-Lion, à Tours,
le 24 juin 1189, au moment où il se préparait déjà à la croisade, plaçait le monastère et ses possessions sous sa sauvegarde royale (6).

(1) Nous avons écrit l'*Histoire de Mortain* et nous n'avons point trouvé
ce personnage : ce doit être Néel de Mortagne.

(2) *Chavigneyo*, Chevaigné-lès-le-Mans (Sarthe).

(3) *Neustria pia*, p. 426. — M. de La Sicotière.

(4) *Apud Motam de Ger*. Ger, arrondissement de Mortain (Manche).

(5) *Rebus quas homines sui poterunt affidare esse proprias monachorum
eorum ad victum et vestitum eorum.* M. de La Sicotière.

(6) *Quandiu erimus in servitio Dei in itinere Hierosolimitano.* Id., id.

Mais nous n'en n'avons pas fini encore avec les titres de confirmations qui leur furent octroyés à diverses époques, et il est nécessaire, pour être complet, que nous fassions aussi mention de trois bulles du Souverain-Pontife Grégoire X, datées de l'an 1271 (1), et des lettres de Geoffroy de Laval et Geoffroy de Loudon, successivement évêques du Mans, sous les dates de 1231 et 1247, qui confirment à Lonlay tous ses droits et toutes ses possessions. Une dernière ratification, donnée vers 1374, sous l'épiscopat de Gontier de Baigneux, complète la liste des actes émanant de l'autorité ecclésiastique (2). Aucun de ces actes n'existe probablement, après les incendies qui ont atteint l'abbaye, et surtout après la dispersion de ses chartriers à la Révolution.

En un mot, tous ces princes eurent les plus grands égards pour cette pieuse maison, et nous verrons plus tard leur exemple imité par leurs successeurs. Disons aussi que l'un des priviléges auxquels, dans ces temps reculés, on attachait peut-être le plus de prix, était le droit de présentation aux églises. Outre qu'il conférait des honneurs, il était lucratif, aussi de nombreux procès n'ont-ils pas eu d'autres causes. Et, puisque la charte d'Henri II, roi d'Angleterre, nous a déjà fait connaître un certain nombre des églises qui étaient sous la dépendance de Lonlay, complétons dès actuellement cette énumération par le tableau que nous en avons trouvé dans le *Pouillé du Mans* (3).

L'abbé présentait aux cures suivantes, situées dans ce diocèse :

(1) Un titre manuscrit que nous avons en notre possession ne parle que d'une seule bulle de ce pape.

(2) M. de La Sicotière.

(3) *Pouillé du Mans*, f° 47. Mss. de 1772 à la Bibliothèque du Mans, n° 278.

Dans le doyenné de Passais, n° 11. St-Bomer (1).

—   17. Cigné (2).

—   22. Domfront.

—   28. Geneslay (3).

—   31. Halaines (4).

—   32. La Haute-Chapelle (5).

—   36. Lonlay (6).

—   41. St-Mars-sur-Colmont (7).

—   42. Le Pas (8).

—   47. Soucé (9).

—   50. Vaucé (10).

Dans le doyenné d'Ernée,   20. Fougerolles (11).

Id.   id.   de St-Calais,   22. Marolles (12).

Les prieurés qui dépendaient de la même abbaye et qui étaient également à la présentation de l'abbé, étaient au nombre de trois.

Le prieuré de St-Symphorien du château de Domfront.

Id.   de Notre-Dame-sur-l'Eau, sous Domfront (13).

(1) Saint-Bomer, canton de Domfront.

(2) Cigné, canton d'Ambrières (Mayenne).

(3) Geneslay, canton de Juvigny-sous-Andaine.

(4) Halaines, même canton.

(5) La Haute-Chapelle, canton de Domfront.

(6) La seigneurie de la paroisse de Lonlay était annexée à l'abbaye. C'était une ancienne baronnie qui relevait directement du roi. Les reconnaissances en étaient passées en la Chambre des comptes de Normandie. — La cure de Lonlay était sous l'invocation de saint Sauveur et à la présentation de l'abbé.

(7) Saint-Mars-sur-Colmont, canton de Gorron (Mayenne).

(8) Le Pas, canton d'Ambrières (id.).

(9) Soucé, id. (id.).

(10) Vaucé, id. (id.).

(11) Fougerolles, canton de Landivy (id.).

(12) Marolles (Sarthe).

(13) Ses armoiries étaient : *d'azur à une chapelle d'argent.* Canel, *Armorial de Normandie.*

Le prieuré de Saint-Gilles-de-la-Plaine, en Saint-Paterne (1).

Enfin, le même document complète ces renseignements en ces termes : « L'abbaye de Notre-Dame de Lonlay, au doyenné de Passais, fondée par Guillaume, comte d'Alençon et du Perche, au xie siècle. — Présentateur : le Roi. — Voyez : *Insinuations*, avril 1609 ; octobre 1617 ; février 1626 ; mai 1679 ; août, 1716. — Titulaire : Louis-François de Cléry de Sérans, du diocèse de Rouen ; août 1758. — Revenu : 6,000 livres. — Observations : Procuration pour présenter les cures dépendantes de ladite abbaye, au nom de M. Follope. V. *Insinuations* : juillet 1768. »

« Couvent de ladite abbaye. — Office de sacristain ; présentateur, l'abbé de Lonlay. V. *Ins.* février 1602, mai 1648, septembre 1650, juillet 1654. — Infirmier ; présentateur, l'abbé. V. *Ins.* janvier 1602, septembre 1617, décembre 1635, novembre 1636, novembre 1652 (2). »

L'abbé présentait encore à diverses autres cures situées dans d'autres diocèses.

Dans celui d'Avranches, aux cures de Cherencey-le-Roussel, de Saint-Georges-de-Rouelley (3) et de Chanu.

Dans celui de Bayeux, à celles de Saint-Pierre-du-Regard et de Cerisy.

Enfin, dans celui de Séez, à celles de Notre-Dame d'Alençon, d'Essai, du Mesnil-Erreux, d'Echufflei, du Mesnilbrout, de Beauménil et de Gul. Elle y avait également les prieurés d'Alençon et de Gul (4).

Tous ces droits, tous ces priviléges, toutes ces terres, de-

---

(1) *Pouillé du Mans*, f° 14.

(2) *Id.*, id.

(3) Cherencey-le-Roussel et Saint-Georges-de-Rouelley, arrondissement de Mortain.

(4) *Etrennes historiques du dioc. de Séez pour 1771.* — M. de La Sicotière.

valent constituer à l'abbaye un assez beau revenu. Cependant le *Pouillé du Mans* que nous venons de citer, n'en porte le chiffre qu'à 6,000 livres de produit pour son supérieur. La plupart des géographes affirment même qu'elle ne lui valait que 4,500 livres. Le Paige en fixe l'évaluation à 7,000 livres, et la mense des religieux à 4,000 livres. Mais ces résultats ne doivent pas être complets, et nous serions plutôt disposés à accepter ceux de M. de La Sicotière (1). Il procède mathématiquement, à l'aide des pièces qu'il à sous les yeux, et fixe d'abord les prix des locations de vingt paroisses, qui s'élevaient déjà à 13,410 livres. Puis il déduit les droits de vingt-une autres et fait les comptes des rentes assises sur les métairies, sur les terres labourables, sur les prés, sur les forêts, sur cinq moulins et sur sept étangs. Enfin, il y comprend les rentes et les prestations. Le tout forme un total d'environ 30,000 livres, qui devaient se diviser entre l'abbé et le couvent. Chacun avait nécessairement des charges à supporter (2), ou plutôt, d'après une transaction du 18 octobre 1643, il avait été fait trois lots du revenu de l'abbaye, dont l'un pour l'abbé, le second pour les moines, et le dernier pour l'acquit des dépenses ordinaires et extraordinaires. En général, les choses se réglaient ainsi. A Savigny, dont nous avons vu une grande partie des archives, il en était de même, seulement l'abbé qui prenait deux parts et qui restait obligé aux charges, tâchait de faire des économies sur ce lot.

Souvent les commandataires se faisaient tirer l'oreille pour l'exécution de ces devoirs. A Lonlay, par exemple, l'abbé se vit contraint, par sentence du juge de Domfront, du 13 juillet 1648, à faire les fonds de l'aumône du couvent et à payer annuellement 200 livres pour cet objet. L'aumône qui se dis-

(1) *Le départ. de l'Orne archéol. et monumental*, v° *Lonlay*.
(2) La taxe de Lonlay en Cour de Rome était de 250 florins.

2

tribuait à la porte du monastère tous les vendredis, était de
six boisseaux de sarrasin, convertis en pain, et quelque argent (1).

L'incurie des supérieurs laissait ainsi dans la plupart des
couvents bien des intérêts en souffrance, et il en résultait de
fréquents procès entre eux et leurs religieux. Aussi celui qui
voudrait revoir les titres de Lonlay trouverait des traces nom-
breuses de contestations litigieuses entre eux, pour les aumônes de l'abbaye, pour les réparations de l'église abbatiale
et des cloîtres, pour des arbres abattus, pour des bestiaux
saisis sur des terrains dont la propriété était contestée. L'administration de l'abbé Bodin, entre autres, formait une masse de
plus de quatre cents pièces de procédures engagées et soute-
nues contre ses religieux ; sans compter au moins cent cin-
quante autres avec divers individus étrangers. On doit
surtout attribuer la cause de ces scandaleuses discussions à
l'avidité, à l'intérêt, et plutôt encore au peu d'affection que
devaient porter à leurs maisons des abbés qui n'y résidaient
jamais, qui n'avaient pas l'amour du clocher, et qui souvent,
chargés de plusieurs abbayes à la fois, ne les visitaient peut-
être pas une seule fois durant leur existence, ou ne savaient
encore à laquelle de leurs commandes ils devaient donner
leurs premiers soins.

Malgré l'importance de ses revenus, Lonlay se trouvait souvent au-dessous de ses affaires. Le procès-verbal de dom Ver-
neuil, grand visiteur, dressé en 1785, constatait que l'abbaye
était, à cette époque, grevée de 12,018 livres de dettes
criardes. Mais revenons à l'époque de sa fondation et rétro-
gradons jusqu'au xi⁰ siècle.

(1) M. de La Sicotière, déjà cité.

ABBÉS RÉGULIERS DE LONLAY

1. Guillaume Ier. — Après avoir suivi les conseils de son frère Avesgaud, évêque du Mans (1), et signé l'acte de fondation de cette maison, à laquelle il avait voulu faire partager largement ses richesses, Guillaume de Bellême, qui avait une grande confiance dans la protection de saint Benoît, et qui honorait d'une manière toute particulière son abbaye de Fleury, fit appel à l'abbé Gauzlin, en le priant de lui envoyer une colonie de ses religieux pour résider à Notre-Dame-des-Déserts de Lonlay (2). L'illustre abbé s'empressa de condescendre à ses désirs. Il lui envoya aussitôt plusieurs de ses moines, sous la conduite de l'un d'eux, nommé Guillaume, qui était un homme d'une vertu consommée.

C'est à tort que Le Paige (3), Cauvin (4) et M. de la Sicotière (5), se copiant les uns les autres, ont dit que cet abbé venait de Saint-Florent-de-Saumur. Il leur suffisait de consulter Dom Mabillon, qui déclare expressément qu'il venait de Fleury : *Primus abbas ibi fuit Willelmus Sancti Benedicti Floriaci* (6). L'auteur de la *Vie de Gauzlin* entre même dans quelques détails que nous aimerions à reproduire, parce qu'ils retracent le moment où Guillaume quitta Fleury après

(1) Le Corvaisier, p. 336. — D. Bondonnet, p. 407. — D. Colomb, p. 120.

(2) Divers manuscrits que nous avons à notre disposition appellent constamment cette abbaye : *Notre-Dame-des-Déserts*. Sur notre plan, c'est encore . . . . *in desertis.*

(3) *Dict. du Maine*, v° *Lonlay.*

(4) *Géogr. ancienne du Maine*, p. 193.

(5) *Orne archéol. et monumental.*

(6) *Annales ord. S^{ti} Benedicti*, lib. LV, num. 91.

avoir reçu les dernières instructions paternelles de son abbé (1), mais ce serait nous éloigner de notre sujet.

Sous ce premier supérieur et sous ses successeurs, l'abbaye prit de rapides accroissements. Plusieurs prieurés furent fondés par elle et Notre-Dame-sur-l'Eau fut une nouvelle preuve de toute l'affection que lui portait Guillaume de Bellême.

Elle en reçut aussi en Angleterre au moins trois : St-André-de-Stoke-Curcy, Saint-André-d'Ardes et Saint-Eanswithe-de-Folkestan (2).

Sortis de Saint-Benoît-sur-Loire, où la vertu, les études et les arts florissaient, les premiers moines de Lonlay transportèrent ces précieuses traditions dans les forêts du Passais. La plupart de leurs œuvres ont succombé aux efforts du temps et des guerres ; mais il reste encore une partie de l'église abbatiale primitive, la tour et les transepts, tous remplis des ornements symboliques, et marqués du caractère mystique de l'époque (3). Leurs vertus leur méritèrent la continuation des faveurs de leur fondateur.

(1) *Primus Willelmus Belesmensis, inter plurima suarum oblationum donaria, seu juris abbatiam Longilesium nuncupatam huic Dei templo (Floriacensi) contulit corde devoto. Mox beatus antistes (Gauzbertus) fratribus inibi repertis a nobisque illuc directis quamdam nostræ congregationis monachum probatissimæ vitæ præfecit virum, nomine Willelmum, utque paternâ eas sollicitudine regeret atque instrueret nitissimâ ammonuit allocutione.* — Vie de Gauzlin, abbé de Fleury et archev. de Bourges, par André de Fleury, n° 22. — D. Piolin, Hist. de l'Eglise du Mans, t. III, p. 94.

(2) *Mém. sur l'abbaye de Lonlay, mss.* — *Monasticon anglicanum, t. I, p. 560 et 577; t. II, p. 133, 635 et 1019.* — Cauvin, *Géogr. ancienne du Mans.* — M. de La Sicotière.

(3) *Rapport à la Soc. des Antiq. de Normandie sur les recherches archéol. faites dans l'arrond. de Domfront* par MM. du Tronchet, de Vauquelin et Galeron, inséré dans les *Mém. de la Société,* années 1829 et 1830, p. 156 et suiv.

Afin d'en avoir toujours quelques-uns près de sa personne, Guillaume de Bellême les appela dans le prieuré de Saint-Symphorien, qu'il fit élever dans son château de Domfront, et il les établit également près de sa forteresse d'Alençon, dans le prieuré de Saint-Leu et de Saint-Gilles (1). Ceux-là devinrent en quelque sorte ses chapelains particuliers. Peut-être songeait-il en même temps à préparer à ses moines aimés un refuge contre les guerres incessantes qui désolaient le pays. Presque partout les religieux qui habitaient les campagnes se voyaient obligés ou de se retrancher dans leurs demeures derrière des donjons, des fossés et des redoutes, ou de posséder quelque manoir dans une enceinte fortifiée, afin de s'y mettre à couvert contre les chances de la guerre.

Enfin, après tant d'actes de piété accomplis par lui, Guillaume de Bellême, non content encore, voulut, dans les dernières années de sa vie, entreprendre un pèlerinage à Rome. Il partit donc, pria sur les tombeaux des apôtres, confessa ses péchés au pape, et le conjura de lui imposer une pénitence (2).

Son fils, Guillaume II, après avoir succédé à Robert, son aîné, en 1034, désira continuer l'œuvre de son père et avoir comme lui le titre de bienfaiteur de Lonlay. La férocité fut pourtant le trait caractéristique du caractère de ce seigneur, mais il n'en fit pas moins quelques actions pies. Il augmenta le prieuré de Saint-Symphorien du château de Domfront, ainsi que celui de Notre-Dame-sur-l'Eau (3).

2. **Hugues**, moine de Lonlay. — Il le dirigea pendant près de quarante ans avec un rare bonheur. De son temps, Robert, comte de Mortain, frère du roi Guillaume-le-Conqué-

---

(1) Odolant-Desnos, *Mém. hist. sur Alençon*, t. I, p. 37 (a).
(2) D. Piolin, *Église du Mans*, t. III, p. 95.
(3) Cauvin, *Géog. du Maine*, p. 220.

rant, accorda à l'abbaye le droit de prendre dans sa forêt de Lande-Pourrie, près Mortain, autant de cordes de bois qu'il y avait de hameaux dans la paroisse de Lonlay (1). Il assista à la dédicace de l'abbaye de Vendôme, en 1040, et signa, en 1066, la charte de fondation de l'abbaye de la Sainte-Trinité de Caen (2).

Il vivait encore en 1074, d'après une lettre de Robert de Montgommery (3).

Un seigneur nommé Guillaume de *Braissa*, lui donna une église dédiée à Saint-Gervais et à Saint-Protais, et située vraisemblablement dans le diocèse de Séez, à la condition d'y fonder une abbaye. Cette fondation n'eut pas lieu, et Guillaume reprit l'église mentionnée pour la donner à l'abbaye de Saint-Florent de Saumur, qui s'engagea à y établir un abbé et des moines. Les religieux de Lonlay réclamèrent. Comme ils étaient bien vus de Guillaume-le-Conquérant, ils se plaignirent à lui. L'affaire fut jugée en sa présence, et l'on donna gain de cause au monastère de Saumur. Sous l'abbé Ranulphe, vingt ou trente ans plus tard, la discussion fut sur le point de se réveiller; mais les moines de Lonlay n'ayant pas paru au jugement, furent condamnés par défaut (4).

3. **Garin** (5) ou **Garnier** (6), moine d'Evron.

4. **Ranulphe** ou **Raoul Ier**, moine de Caen, sous

<hr>

(1) Le Paige, *Dict. du Maine, vᵒ Lonlay.—Antiquaires de Normandie*, t. XII, p. 287.—Caillebotte, *Hist. de Domfront*, p. 64.—F. Liard, *Id.*, p. 34.

(2) *Gallia christiana*, t. XI, p. 59 et instr., col. 61, D.—*Antiquaires de Normandie*, t. XII, p. 286.

(3) Le Paige, *loco citato*.

(4) Bibliot. impér., collect. D. Housseau, nᵒ 609.—Dom Piolin, *Eglise du Mans*, t. III, p. 320.

(5) Le Paige, vᵒ *Lonlay.*—M. de La Sicotière, *Orne*, etc.

(6) D. Piolin, *loco citato*, t. IV, p. 310, note 3.

lequel, en 1095, le monastère de Saint-Eanswithe de Fol-
kestan, en Angleterre, fut donné à l'abbaye, du consentement
de l'archevêque Anselme (1). Ce fut lui, sans doute, qui
inscrivit une touchante adhésion sur le grand rôle de l'abbaye
de Savigny, qui avait été envoyé dans toutes les maisons
religieuses de la Normandie et de l'Angleterre, avec demande
de prières pour Vital, son fondateur, mort en 1122 (2).

Quelques religieux de son monastère durent se livrer à
l'étude des belles-lettres, et composer des poésies restées
anonymes (3).

Dans le même temps, Guillaume de Lonlay devint archidiacre de Clermont: c'était, sans doute, un moine de cette
abbaye (4).

5. **Lanfréd** ou **Lanfred**, moine de Lonlay.

6. **Jean Ier**, moine de Saint-Lomer-de-Blois (5).

7. **Bermund** ou **Bernon**, d'après Le Paige, et **Ber-
mard**, suivant D. Piolin, s'appuyant sur les chartes de l'abbaye
de Savigny. C'était un moine de Marmoutier. Sous son administration, probablement, eut lieu la consécration de l'église

(1) Le Paige, déjà mentionné.

(2) *Antiquaires de Normandie*, t. XII, p. 280.—M. de La Sicotière.—
Voir mes *Recherches hist. sur l'arrondissement de Mortain*, p. 121.

(3) *Hist. littéraire de la France*, t. IX, p. 49 et 50.— D. Piolin, *Hist.
de l'Église du Mans*, t. III, p. 626.
Un seul savant connu a illustré Lonlay. Dom Tassin, bénédictin, naquit
dans cette paroisse, mais il fit profession à Jumiéges et habita Rouen et
Paris, où il mourut en 1777. Hauréau, *Hist. littéraire du Maine*, t. IV,
p. 357.

(4) D. Piolin, t. III, p. 625.

(5) M. de La Sicotière, *Orne arch. et monumental*.

du prieuré de Notre-Dame-sur-l'Eau, par Hugues d'Amiens, archevêque de Rouen, vers 1156 (1).

Quelques années plus tard, en 1160, il signa un concordat à l'occasion d'un différend survenu entre sa maison et l'abbaye de Savigny, relativement aux dîmes de Fougerolles. L'évêque du Mans, Guillaume de Passavant, avait été désigné par les souverains pontifes Adrien IV et Alexandre III, pour prononcer sur ce litige. Le contrat d'union qui fut rédigé porta les suscriptions de plusieurs chanoines du Mans et de quelques moines pris dans les deux monastères (2). Dans une nouvelle charte, conçue à peu près dans les mêmes termes, le prélat confirme cet accord en son nom et par l'autorité de Saint-Julien (3). Peu après, Henri II assura l'église de Fougerolles à Lonlay, et lui donna d'autres marques d'un intérêt particulier (4). Nous avons déjà fait mention de ses diplômes.

8. **Geoffrey**, moine d'Evron, vers 1172 (5). — Par un diplôme spécial, le roi Henri II donna à ces moines le droit de faire chasser deux cerfs chaque année dans la forêt de Lande-Pourrie, qui était située entre Domfront et Mortain (6). C'était dans l'intérêt de leurs études, que les solitaires recherchaient ce droit de chasse, et pour se procurer le parchemin nécessaire à la transcription des auteurs anciens. Dans cet acte, sur

(1) Fallue, *Hist. du dioc. de Rouen*, t. I, p. 391. — Le Paige, t. I, p. 274.

(2) Cart. mss. de Savigny, aux Archives de la Manche. — Mss. de la Beaulnère. — D. Piolin, *Égl. du Mans*, t. IV, p. 123.

(3) *Auctoritate beati Juliani*, id., id., id.

(4) *Neustria pia.* — Cauvin, *Géographie*, p. 319. — D. Piolin, id., id., p. 123.

(5) Il n'est connu que par le *Nécrologue d'Evron*. — D. Piolin, *Église du Mans*, t. IV, p. 310, note 3.

(6) *Neustria pia*, p. 126. — Cauvin, *Géogr. du Maine*, p. 362.

lequel nous revenons de nouveau, il leur avait confirmé la possession des églises de Domfront et d'Alençon (1).

Ce souverain semble avoir aimé beaucoup le pays de Domfront. Il y vint souvent. En 1186, il célébra les fêtes de Noël dans cette ville (2), et même, en 1162, il y avait vu naître une fille nommée Éléonore, qui fut baptisée dans l'église de Notre-Dame-sur-l'Eau. Elle y avait été présentée sur les fonts baptismaux par Achard de Domfront, évêque d'Avranches, et par Robert, abbé du Mont-Saint-Michel. Cette fille fut la mère de Blanche de Castille et l'aïeule du roi saint Louis (3).

Vers le même temps, Froger, évêque de Séez, accorda la confirmation de tout ce que Guillaume de Bellême, les rois, les barons et autres personnages avaient concédé à l'abbaye de Notre-Dame de Lonlay, dans l'étendue de son diocèse ; spécialement les églises de Notre-Dame et de Saint-Léonard d'Alençon. Peu après, les moines, qui avaient jusque-là desservi eux-mêmes ces églises, jugèrent à propos de les confier à des prêtres séculiers, avec le titre de vicaires perpétuels. L'évêque de Séez, du consentement du roi et de celui de Rotrou, archevêque de Rouen, approuva cette disposition (4).

9. **Jean II**, avant ou pendant 1203.

10. **Guillaume II**, jusqu'en 1209. — Il obtint, le 25 novembre 1203, un ordre de Jean-sans-Terre, daté de Sainte-Mère-Église, pour être maintenu dans la paisible possession des moulins de Domfront (5).

(1) *Neustria pia*, p. 426. — Odolant-Desnos , *Mém. sur Alençon*, t. I, p. 38. —Cauvin, *Géogr.*, p. 203, 319, 346 et 426.

(2) D. Bouquet, t. XVII, p. 466 et 627.

(3) *Mém. de l'Acad. des Inscript. et Belles-Lettres*, t. XLIII, p. 376. — Caillebotte, *Hist. de Domfront*, p. 14.

(4) Odolant-Desnos, *Mém. sur Alençon*, p. 39.

(5) *Rotuli Normanniæ*, éd. de 1835, p. 114.

11. **A..... (1211).** — Cet abbé, dont le nom n'est pas connu, n'est point sur les listes de Le Paige et de M. de La Sicotière. D. Piolin l'a admis sur la foi des autres auteurs (1). Dans une première nomenclature, lui-même l'avait écarté (2).

12. **Nicolas I⁺ʳ (1211-1219).** - Au mois de juin 1213, sur la prière de Robert, évêque de Bayeux, les moines de Lonlay renoncèrent à tous leurs droits sur l'établissement des ermites du Mont-Cerisy, dans la forêt de Cerisy, dont le roi Henri II leur avait accordé le patronage. Cette renonciation était motivée sur le désir qu'ils avaient de faciliter l'accroissement de l'établissement. Toutefois, elle n'eut lieu qu'à la condition que des religieux de l'ordre de Cîteaux ne s'établiraient pas à Cerisy : ce furent des Prémontrés qui fondèrent ainsi l'abbaye de Belle-Etoile (3).

13. **Gervais (1219-1241) (4).** — Il était encore de l'abbaye d'Evron. C'est le troisième abbé que nous avons mentionné comme venant de cette célèbre abbaye, ce qui suppose entre les deux monastères une grande affinité. Il fut élu par les moines de Lonlay et succéda à une série de prélats dont on connaît peu les actes.

Sous son administration abbatiale, Henri d'Avaugour, seigneur de Mayenne et d'Ambrières, donna la paroisse de Soucé, en 1236, et Henri de Gournay, la dîme des bois de Gui, du consentement de la dame d'Almenesche, sœur de Robert d'Alençon (5).

(1) Mss. de Gaignières, nº 191. — *Gallia christiana*, t. XIV, col. 491. — D. Piolin, id., t. IV, p. 310, nº 3.

(2) D. Piolin, id., t. IV, p. 180.

(3) *Gallia christ.*, t. XI, col. 463. — D. Piolin, t. IV, p. 187. — M. de La Sicotière.

(4) La date 1241 est celle adoptée par D. Piolin, t. IV, p. 310.

(5) Le Paige, vº *Lonlay*.

14. **Raoul II** (1241-1247). — Sous le régime duquel existait une alliance entre les abbayes de Lonlay et de la Couture, au Mans.

15. **Robert Ier** (1247-1253). — Au mois d'août 1250, Odon Rigault, archevêque de Rouen, vint visiter le monastère de Lonlay. Il venait de Briouze et se rendait à Mortain. Mais il n'en fit point l'examen, parce que, dit-il, cette maison dépendait du diocèse du Mans (1).

16. **Philippe** (1262). — Cet abbé n'était point cité par Le Paige, ni par M. de La Sicotière. Il contracta une société de prières avec Robert, abbé de Montmorel (2).

17. **Pierre Ier** (1271).

18. **Robert II** (1303). — Ici nous ajoutons des noms nouveaux à ceux des listes anciennes de Le Paige. Robert eut la faiblesse de souscrire à la sentence du clergé contre le grand Boniface VIII.

19. **Pierre II de Meerois** (1325).

20. **Guillaume III du Tremblay** (1328-1360).

21. **Jean III de Meerois** ou **de Meerey**, sans doute de la même famille que Pierre qui précède. Institué par bulle de 1360, il mourut en 1362.

22. **Pierre III** (1363), camérier de l'abbaye de la Colombe, nommé par Urbain V, en 1363.

(1) *Visites pastorales d'Odon Rigault*, publiées par M. de Caumont, 1857, p. 11.
(2) D. Piolin, t. IV, p. 510 et 504.

23. Jean IV de Beaumcœud (1364-1369), transféré sur la fin de 1369, par Urbain V, à l'abbaye de Molesme.

Ces listes noûs ont été complétées par D. Piolin (*Histoire de l'Église du Mans*, t. IV, p. 310 et 504).

24. Pascal Huguenot (1370-1375), qui passa de Lonlay à la Couture, dont il fut pourvu par bulle de 1375. Il y mourut en 1399 (1).

25. Nicolas II (1402-1406).—Le 25 septembre 1402 et le 11 octobre 1406, il assista à l'Échiquier d'Alençon (2). Il n'est pas probable qu'il ait succédé immédiatement à Pascal.

En 1399, les moines de Lonlay avaient renoncé au droit de chasser deux cerfs dans la forêt de Lande-Pourrie (3).

Cette époque fut désastreuse. Vers l'an 1400, le monastère fut incendié une première fois pendant la lutte que la France soutint avec l'Angleterre (4). Lonlay, ainsi que presque toutes les églises du Passais, fut saccagé à diverses reprises (5). Néanmoins, par conviction ou par peur, les moines n'en embrassèrent pas moins le parti des Anglais ; ils desservirent les paroisses dont les curés n'avaient pas voulu se soumettre à l'usurpateur (6).

Vers ce temps aussi, Pierre d'Alençon, par un acte daté

---

(1) Biblioth. impér., fonds latin, n° 5474, p. 94.—*Ibidem*, Saint-Germain, fonds latin, n° 583, t. II. — Cart. de Savigny, à Saint-Lo. — D. Briant, *Cenomania*.—*Neustria pia*, p. 426.— *Gallia christiana*, t. XI, col. 537 ; t. XIV, col. 494.—D. Piolin, t. IV, p. 310 et 504.

(2) *Neustria pia*, p. 428.

(3) *Antiquaires de Normandie*, t. XII, p. 287. M. de La Sicotière, *Orne arch. et mon.*, Le Paige, Caillebotte et F. Liard avaient indiqué cette renonciation à l'année 1229.

(4) Le Paige, v° *Lonlay*.

(5) D. Piolin, t. V, p. 95.

(6) Caillebotte, *Hist. de Domfront*, p. 19.

d'Argentan, le 29 septembre 1400, avait renouvelé la charte de fondation de l'abbaye de Lonlay, par Guillaume de Bellême. Il se basa sur la représentation d'un livre ancien où se trouvait cette charte et sur un vidimus sain et entier, fait par feu Jean Le Sage, jadis bailli d'Alençon. Il paraît que le monastère avait perdu la plus grande partie de ses titres, car on lit ceci dans cet acte de renouvellement : « Par considération de ce que par les guerres, les moustiers, maisons et édifices de l'abbaye, furent ars, destruictes et desmolies, et toutes ou... partie des chartes d'icelle, avec leurs autres biens perdues et dépécées (1). » Plus tard, ce vidimus fut rescellé, en vertu d'une sentence des assises de Domfront, du 13 novembre 1476 (2).

Ces mêmes chartes furent encore confirmées par Henri V, roi d'Angleterre, étant à Rouen, le 29 août 1418 (3), et elles furent renouvelées par son fils, à Rouen, le 11 avril 1423 (4). Enfin, le dernier prince data de Tinchebray, le 11 avril 1430, des lettres-patentes, par lesquelles il accorda à Lonlay le patronage et les dîmes des paroisses dont les curés étaient restés fidèles à leur prince et à leur pays (5).

En 1409, l'abbé de Lonlay avait quitté la France ; il était absent. Le prieur et les moines députèrent en leur propre nom au concile de Pise (6).

26. **Thomas** (1474). — Il ne succéda peut-être pas à Nicolas. Il assistait à l'Échiquier d'Alençon, en 1474 (7).

---

(1) *Neustria pia*, p. 466.
(2) M. de La Sicotière, *Orne arch. et mon.*
(3) *Acta Rymeri*, ad an. 1418.
(4) *Neustria pia*, p. 467.
(5) Caillebotte, p. 19.
(6) D. Piolin, *Église du Mans*, t. V, p. 112.
(7) Le Paige, *Dict. du Maine*, v° *Lonlay*.

ABBÉS COMMANDATAIRES [1].

27. Etienne Blouet ou Blosset, de Carrouges (1482-1505) (2). — Évêque de Lisieux en 1482 (3). Il mourut le 31 octobre 1505 (4).

28. Jean V Le Veneur (1505-1548) (5). — Neveu du précédent, il lui succéda dans son évêché et dans son abbaye. Plus tard, il devint abbé du Bec et du Mont-St-Michel, fut grand aumônier de France, en 1526, et cardinal, en 1533. Il mourut le 5 août 1543. Sa famille avait acquis, le 30 août 1530, le château de Resné, avec la châtellenie de Lignières-la-Doucelle, dans le canton de Couptrain. Elle habitait alors le château de Carrouges (6).

De son temps, au mois d'octobre 1533 (7), un incendie causé par un accident éclata pendant la nuit et consuma entièrement le monastère de Lonlay. Les cloches et les calices

(1) Nous continuons la série des chiffres des abbés de Lonlay. Le Paige, dans son énumération, n'a donné que trente noms; M. de La Sicotière trente et un, et notre liste en contient trente-huit.

(2) Armoiries : *pallé d'or et d'azur de six pièces, au chef de gueules, chargé d'un autre chef vivré d'argent.* Cauvin, *Armorial du Maine.*

(3) Le Paige, v° *Lonlay.*—Masseville, *Hist. de Normandie*, t. V, p. 29. — M. de La Sicotière.

(4) *Gallia christiana*, t. XI, p. 798.

(5) Son nom a été omis par Le Paige. — Armes : *d'argent à la bande d'azur, chargée de trois sautoirs d'or.*—Cauvin, *Armorial du Maine.*

(6) Titres manuscrits en ma possession.

(7) Le Paige indique le mois de février, mais tous les autres historiens le mois d'octobre.

furent fondus. Les ornements, les titres et les papiers devinrent
la proie des flammes (1).

Sur sa supplique, le Parlement de Rouen rendit un arrêt, le
12 juillet 1542, qui le dispensait, lui et ses religieux, pour
exercer leurs droits, de représenter leurs titres d'érection et
obligeait tous les débiteurs de l'abbaye de lui rendre leurs
comptes, d'après les registres, papiers et dernières quittances,
qui, à cet effet, étaient déclarés suffisants pour servir de titres
à l'avenir (2).

29. **Louis du Bailleul** (1543-1583) (3). — Il était de la
maison de Renouard ; il devint doyen de Lisieux et premier
abbé commandataire de Silly, en 1546.

Le monastère fut pillé et incendié par les Huguenots, le
31 mars 1574. Un manuscrit que nous avons en main constate
qu'il *avait été brûlé de nuit fortuitement par les Huguenots.*
Il n'est pas d'accord avec la plupart des historiens, qui affirment,
au contraire, que cet événement était prémédité. L'incendie fut
volontairement allumé par Le Héricé, dit Pissot, qui com-
manda au détachement qu'il dirigeait le pillage et l'incendie :
tous les effets de cette maison furent réduits en cendres ou
volés (4). L'église souffrit beaucoup. Dom Piolin (5) va même
plus loin et affirme que l'abbaye fut ravagée par eux et qu'ils
la saccagèrent à plusieurs reprises.

Presque immédiatement, les religieux s'occupèrent de rebâtir
leur monastère, qui n'avait pas eu le temps sans doute de se

(1) Caillebotte, *Hist. de Domfront*, p. 64. — M. Liard, *id.*, p. 84.
(2) M. de La Sicotière, *Orne, etc.*
(3) Blason : *parti d'hermines et de gueules.* — Nicolas du Bailleul, pré-
sident au Parlement de Paris, qui fit ériger Château-Gontier en marquisat,
en 1656, était de la même famille.
(4) Caillebotte, *Hist. de Domfront*, p. 65. — V. Liard, *id.*, p. 84.
(5) *Hist. de l'Eglise du Mans*, t. V, p. 447.

relever entièrement du désastre qu'il avait essuyé dès 1533 et
qui venait, pour la troisième fois, de subir l'action du feu.
Le 11 avril 1575, ils présentèrent une requête aux officiers des
eaux et forêts de Mortain pour être autorisés à prendre dans la
forêt de Lande-Pourrie le bois nécessaire pour leurs réparations (1). Pendant que ces travaux s'exécutèrent, ils furent con-
traints de chercher un asile à Alençon (2).

Quelques années après, le monastère fut compris pour
2,106 livres dans la taxe sur le clergé : toutes les difficultés
leur survenaient à la fois. Pour faire face à cette dépense, on
vendit, le 9 septembre 1577, à Marin Coupel, sieur de la Cou-
sinière, une prairie dépendant de l'ermitage de la forêt d'Andaine, pour le prix de 1,450 livres. On aliéna en même temps
le fief du Douet-Parfond, en la paroisse de Lucé (3).

30. **Jean VI Surhomme** (1583-1608). — Il était
docteur en théologie et de l'ordre des Jacobins. Comme les
réparations de l'église et du couvent ne se terminaient pas,
l'évêque du Mans, Claude d'Angennes, décida, le 24 septembre 1598, que cinq cents écus d'or seraient, pour cet effet,
annuellement prélevés sur les revenus de l'abbaye (4). Charles
Le Court, de la maison de Fredebise (5), prieur claustral,
dirigea les travaux (6).

Surhomme mourut probablement dans le courant de l'année
1608. C'est à tort que Le Paige et M. de la Sicotière ont
donné la date de 1620 comme celle de sa mort, les actes que
nous citons au nom de son successeur relèvent cette erreur ;

(1) M. de La Sicotière, *Orne, etc.*
(2) D. Piolin, déjà cité, t. V, p. 591 et 592.
(3) Caillebotte, p. 63. — M. Liard, p. 84.
(4) Archives de l'Orne, *Inventaire.*—M. de La Sicotière.
(5) Frédebise est situé dans la paroisse de Lonlay.
(6) *Neustria pia*, p. 429.

nous avons été nous-même aux sources et il est certain qu'il y a lieu à rectification.

Cet abbé fut inhumé dans la chapelle derrière le chœur (1). On lui érigea un beau tombeau (2).

31. Pierre IV Poule (1608-1625) (3). — La bulle qui lui fut octroyée par le Souverain-Pontife Paul V est du mois de novembre 1608. Elle fut enregistrée aux *Insinuations ecclésiastiques* par le notaire épiscopal du Mans, le 20 mars 1609. Enfin, ce prélat prit possession de son abbaye par procureur, le 20 avril suivant. Cet acte solennel fut rédigé en présence de Charles Lecourt, prieur claustral, de Jacques Dupin, chantre et prieur du château de St-Symphorien-du-Château, de Jean Masseron, infirmier et prieur de . . . . ; de Julien Moussart, prieur de Moustier ; de Jean Duchemin, d'Étienne Lelièvre (4), de François Abraham, de Jacques Benoist et de Robert Le Famel, tous religieux de Notre-Dame-de-Lonlay.

Le mandataire de l'abbé était François Mahieu, prêtre, curé de l'église de Domfront (5).

Pierre Poule mourut en 1625.

32. Eustache de Conflans d'Armentières (1625-1633) (6). — Le 14 décembre 1625 est la date de la bulle que lui accorda le pape Urbain VIII, après la mort de Pierre Poule.

(1) Le Paige, *Dict. du Maine*, v° *Lonlay.*

(2) *Ubi magnifica sepultura honoratur.*—*Neustria pia*, p. 428.

(3) Poule, famille du Hainaut : *d'azur à une fasce d'or, chargée de trois têtes de léopard d'azur, posées 2 et 1.*

(4) Ce religieux devint infirmier à la place de Jean Masseron. Ses provisions sont du 22 septembre 1617. Archives de la Sarthe. *Insinuations ecclésiastiques* à cette date.

(5) Archives de la Sarthe, registre des *Insinuations épiscopales.*

(6) Il portait : *d'azur au lion d'or ; l'écu semé de billettes d'or.*

Sa nomination par le Roi, ses lettres épiscopales et tout ce qui concerne cet abbé est inscrit aux registres de l'évêché du Mans à la date du 13 février 1626. Sa prise de possession eut lieu par mandataires le 9 février 1627 (1).

Quelques auteurs ont indiqué la date de 1628 comme étant celle où son administration dut prendre fin. Nous pensons qu'elle doit être reculée tout au moins à 1633, d'après un document manuscrit que nous possédons et qui mentionne un arrêt rendu par le Parlement de Rouen, le 11 mars 1633, dans lequel cet abbé commandataire figure nominativement.

En 1629, une épidémie qui, depuis quelques années, décimait le pays, fit des ravages à Lonlay. Les moines furent forcés d'évacuer l'abbaye le 13 juillet. Durant quatre mois, l'office divin fut célébré dans les villages où la contagion n'avait pas pénétré. Trois ans après, cette maladie reparut dans la paroisse et moissonna beaucoup d'habitants (2).

Eustache de Conflans était du diocèse de Paris.

33. **Claude de Fiesque** (1633-1655) (3). Il descendait d'une famille italienne, issue des doges de Gênes, et était conseiller du Roi en ses conseils et son aumônier. L'auteur de la *Neustria Pia*, le Père du Moustier, qui visita l'abbaye en 1641, se félicite beaucoup de l'obligeance avec laquelle le vieux prieur claustral, Charles Le Court (4), lui montra et lui communiqua ce qui restait des anciens titres de l'abbaye (5). Il paraît qu'en 1644 la communauté fut autorisée à prendre 15 cordes de bois dans la forêt de Mortain, en considération

(1) Archives de la Sarthe, *Insinuations*, 1627, f° 125.

(2) Caillebotte, *Hist. de Domfront*, p. 90 et 91.

(3) Armoiries : *bandé d'argent et d'azur de six pièces.*

(4) On voit sa tombe dans l'église de Lonlay : elle porte la date de 1650.

(5) *Neustria pia*, p. 420.

des services qu'elle rendait journellement (1); elle n'avait pas de droits annuels dans cette forêt.

Claude de Fiesque mourut en 1655 (2).

34. Jules Goth d'Albret de Bouillac d'Epernon (1656-1679) (3). — Il était du diocèse de Chartres.

Le 2 octobre 1657, les religieux de la Congrégation de Saint-Maur entrèrent dans le monastère de Lonlay, qui reçut la réforme (4). Le logis abbatial fut démoli en 1658, et ses matériaux furent employés à la réparation des lieux réguliers. D'autres travaux se succédèrent sans interruption jusqu'en 1674 (5). Ils furent si nombreux qu'aucun des bâtiments actuels ne paraît antérieur à cette époque ; aussi Le Paige dit-il que cette abbaye fut rebâtie entièrement.

Pour des causes que nous ignorons, cet abbé délaissa Lonlay, en 1679, par permutation avec Louis Berrier. L'acte d'échange qui en fut rédigé à Paris, porte la date du 2 janvier 1679. Il constate que Lonlay était de beaucoup supérieur en revenus à l'abbaye de Notre-Dame-du-Tronchet, au diocèse de Dol, qui lui fut donnée en retour ; mais il reçut en outre une rente annuelle de 3,000 livres, assise sur Lonlay.

(1) *Neustria pia*, p. 428.

(2) *Id., id.*

(3) *D'or à trois fasces de gueules.*

(4) Le Paige, v° *Lonlay.* — M. de La Sicotière, *Orne*, loco citato. — Robert de Hesseln et Masseville se trompent en plaçant la réforme en 1640. *L'Histoire manuscrite de la Congrégation de Saint-Maur*, t. II, p. 75, indique positivement la date de 1657 dans ces termes :

« L'on rapporte à cette année l'établissement de la Congrégation dans les monastères de Saint-Angel, prieuré conventuel dépendant de l'abbaye de Larraux en Poitou ; de Saint-Vigor de Bayeux, autre prieuré conventuel dépendant de l'abbaye de Saint-Bénigne de Dijon, et dans l'abbaye de Lonlay, en Basse-Normandie. » Communiqué très-bienveillamment par le frère Victor-Jacques, religieux de Solesmes.

(5) Archives de l'Orne, *Inventaires.* — M. de La Sicotière, etc.

A l'avance, les deux parties s'étaient assuré du concours du pape Innocent XI, qui avait sanctionné ces conventions à Saint-Pierre de Rome, le 13 février 1678 (1).

35. **Louis Ier Berrier** (1679-1691) (2). — Il était diacre du diocèse de Rouen et abbé commandataire de Notre-Dame-du-Tronchet; il devint archidiacre de Paris, prieur et comte de Percy.

Sa famille possédait le comté de la Ferrière, près de Domfront. Le brevet du roi Louis XIV, qui lui donnait Lonlay, après la démission simulée de Jules Goth d'Albret, est de Saint-Germain-en-Laye, le 13 janvier 1679. Le 22 avril suivant, il constitua pour son mandataire général, François de Launay, curé de Champségré, qui, le 7 mai, s'empressa de prendre possession en son nom, en présence de Dom Henri de Guamond, ancien prieur, de André Dupont, ancien religieux, et de Dom Vincent Humery, prieur, D. Guillaume Trabouillet, sous-prieur, D. François Hamon, D. Germain Lresse, procureur, D. Pierre Lequesne, D. Etienne Jacques et D. Germain, vicaire, tous religieux (3).

Vers 1691, Berrier remit son abbaye au roi et se retira dans son prieuré de Percy, où il mena une vie très-austère et très-pénitente avec ses moines (4).

En 1680, les religieux de Lonlay avaient soutenu un procès assez peu honorable. Ils réclamèrent à titre d'épaves une somme assez considérable volée au préjudice du trésor de la Carneille et retrouvée dans une auberge du bourg. On ignore quelle en fut l'issue. En 1682, ils eurent aussi à débattre d'autres con-

(1) Archives de la Sarthe, *Insinuations ecclésiastiques*, année 1679, f° 401.

(2) Ses armes étaient : *d'argent au chevron de gueules accompagné en chef de deux quintefeuilles d'azur et d'une aigle de même en pointe.*

(3) Archives de la Sarthe, *Insin. ecclés.*, année 1679, f° 401.

(4) Le Paige, v° *Lonlay.* — Cauvin, *Statist. de la Sarthe*, p. 148.

testations relativement au droit de potelage — un pot par ton-
neau de cidre — qu'ils réclamaient à Lonlay (1).

36. François Bodin (1691-1716) (2). — Il eut une longue
altercation avec ses moines, au sujet des réparations de l'église.
Un arrêt finit par condamner les deux parties à en faire chacune
leur contingent (3).

37. Jean VII Armand de Cotte (1716-1758). —
Il était déjà, lors de sa nomination, chanoine de l'église cathé-
drale de Paris, abbé commandataire de l'abbaye de Saint-Séverin
et prieur du Bourg Sainte-Marie.

Sa bulle d'investiture de Lonlay est donnée à Sainte-Marie-
Majeure, le septième jour des ides de juin 1716. Sa prise de
possession est du 12 juillet 1716; elle eut lieu par les soins de
Dom Jean Birée, prieur de ce monastère. Cette cérémonie se fit
en présence de Dom Nicolas du Coudray, doyen et sacristain,
D. Guillaume Sanson, secrétaire du chapitre, D. Jean Couppé,
célérier, et en présence encore de Charles-Claude Ledin, chevalier, seigneur de la Challerie, chevalier de l'ordre du Mont-
Carmel, de Saint-Lazare et de Jérusalem (4), et de Georges
Périer, sieur du Tertre, officier dans la grande fauconnerie du
roi (5).

38. Louis II François de Cléry de Sérans

---

(1) M. de La Sicotière, *Orne archéol. et mon.*

(2) Armes : *de gueules à deux fasces d'hermines.*

(3) M. de La Sicotière, loco citato.

(4) Ce gentilhomme fut grand bailli d'épée d'Alençon et gouverneur de
la ville et du château d'Alençon. Il mourut en son château de Godras, à
Domfront, le 17 mai 1747.

(5) Archives de la Sarthe, *Invin. écclés.*, an. 1716.

(1758-1790) (1). — Il était du diocèse de Rouen et avait été nommé au mois d'août 1758 (2).

A l'occasion de cet abbé, qui clôt la série des commandataires de Notre-Dame de Lonlay, M. de la Sicotière signale un fait qui lui semble étrange et qui ne l'est pas moins pour nous. Il paraîtrait qu'en 1773, Lonlay aurait été réuni provisoirement à l'abbaye de Saint-Martin de Séez. Pourquoi et dans quelles circonstances ? Il l'ignore et nous n'en savons pas plus que lui.

Après l'expulsion des jésuites, il fut question d'appeler à Alençon les moines de Lonlay, pour y diriger le collège : ils refusèrent les propositions de la ville.

L'église et le monastère, qui se trouvaient en très-mauvais état, furent réparés de 1785 à 1790, par les soins de Dom Hersecap, prieur (3).

Quand éclata la Révolution, trois religieux seulement (4) habitaient l'abbaye de Lonlay, c'étaient : Dom Hersecap, prieur, Dom Honoré-Antoine Chahan, sous-prieur, et Dom Louis-Jacques Letellier, procureur. Tous quittèrent la maison, dont on inventoria aussitôt le mobilier (5). Puis on procéda à la vente des domaines conventuels. Chaque acquéreur s'empressa d'approprier son lopin à sa fantaisie et tout fut dit.

Peut-être même, sans le décret impérial, daté de Berlin, dont nous avons mentionné l'existence, au commencement de

---

(1) Armoiries : *d'hermines au franc-quartier de gueules, chargé de 3 boucles d'or posées 2 et 1.*

(2) *Pouillé du Mans,* mss. de 1772, f° 14.

(3) M. de La Sicotière, *Orne arch. et mon.*

(4) Au commencement du XVII° siècle, les moines étaient au nombre de dix ; en 1662, ils étaient huit profès et deux novices ; en 1791, il n'y en avait que quatre.

(5) La bibliothèque ne comptait que 873 volumes. Pour toute argenterie, 13 couverts et quelques cuillers à ragoût. M. de La Sicotière, *Orne,* etc.

cette monographie, la belle abbatiale de Notre-Dame-des-Déserts de Lonlay, ne serait-elle qu'un amas de ruines, ou peut-être eût-elle disparu entièrement comme le logis de l'abbé, dont on ne sait plus indiquer seulement la place.

Et maintenant si, étranger, vous êtes attiré vers Lonlay par l'intérêt et par l'attrait qui dirigent toujours l'artiste et l'archéologue, quoiqu'un demi-siècle à peine se soit écoulé depuis la dispersion des bénédictins qui l'animaient, ne soyez pas surpris qu'aucun nom, qu'aucun fait ne soit resté dans la mémoire des habitants du lieu, car l'homme est oublieux de sa nature, et à Lonlay il semble que l'on oublie plus vite encore qu'ailleurs.

Si vous voulez faire plus, étudier l'histoire de ce vaste monastère, qui avait une assez belle renommée, vous serez, comme nous, réduits à rassembler bien des documents épars. Ses archives sont disséminées et l'on ne sait trop où les retrouver.

Du moins, à l'avenir, pourra-t-on s'aider un peu de cette esquisse, quoiqu'elle soit bien incomplète et qu'elle soit faite à la hâte.

Couptrain, le 22 janvier 1868.

H. SAUVAGE.

9 782019 215729